U0907361

全国中等职业技术学校汽车类专业教材

汽车使用与维护习题册

中国劳动社会保障出版社

图书在版编目(CIP)数据

汽车使用与维护习题册/人力资源和社会保障部教材办公室组织编写. —北京：中国劳动社会保障出版社，2016

全国中等职业技术学校汽车类专业教材

ISBN 978－7－5167－2636－5

Ⅰ. ①汽… Ⅱ. ①人… Ⅲ. ①汽车-使用方法-中等专业学校-习题集②汽车-车辆修理-中等专业学校-习题集 Ⅳ. ①U472－44

中国版本图书馆 CIP 数据核字(2016)第 170103 号

中国劳动社会保障出版社出版发行

（北京市惠新东街 1 号　邮政编码：100029）

*

北京昌联印刷有限公司印刷装订　　新华书店经销

787 毫米×1092 毫米　16 开本　2.5 印张　58 千字

2016 年 7 月第 1 版　　2024 年 8 月第 7 次印刷

定价：5.00 元

营销中心电话：400-606-6496

出版社网址：http://www.class.com.cn

http://jg.class.com.cn

版权专有　　侵权必究

如有印装差错，请与本社联系调换：(010) 81211666

我社将与版权执法机关配合，大力打击盗印、销售和使用盗版图书活动，敬请广大读者协助举报，经查实将给予举报者奖励。

举报电话：(010) 64954652

目　　录

项目一　汽车认知与使用

任务1　汽车的基本参数识别

一、填空题

1. 汽车发动机的基本参数主要包括____________、________________、__________、______________、______________和__________。

2. 汽车发动机常用缸数有__________________。

3. 一般5缸以下的发动机的气缸多采用________________。

4. 气缸工作容积是指____。

5. 一般在汽车使用说明中最高输出功率及对应的转速要同时说明，如100 hp（5 000 r/min），即代表每分钟5 000转时发动机最高输出功率为__________。

6. 发动机按气缸的布置形式，可分为__________、__________和__________。

7. 为降低汽车运输成本，要求汽车以最少的燃料消耗，完成尽量多的__________。

8. 汽车的最高车速是指汽车在规定载重质量条件下，在良好水平路面上能达到的____________________。

9. 汽车加速过程中加速用的时间________、加速度________和加速距离________的汽车，加速性能就________。

10. “赛欧”轿车的轮胎技术规格为____________。

二、选择题

1. 国产发动机大多采用每缸（　　）气门。

A. 1　　B. 2　　C. 3　　D. 4

2. 汽车的制动性有（　　）种。

A. 一　　B. 两　　C. 三　　D. 四

3. 这个图标是（　　）。

A. 车门指示灯　　B. 气囊指示灯

C. 刹车盘指示灯　　D. 手刹指示灯

4. 这个图标是（　　）。

A. 后遮阳帘键　　B. 中控锁键

C. 倒车雷达键　　D. 油箱开启键

5. “赛欧”轿车发动机的转速达到（　　）r/min时，扭矩达到最大值。

A. 2 800　　B. 2 700　　C. 2 600　　D. 2 500

6. 转弯直径小的车，（　　）、掉头、停车，以及行驶的机动性明显优于转弯直径大的车。

A. 转弯　　B. 行驶　　C. 加速　　D. 倒车

7. 一般来说，汽车发动机在同等缸径下，缸数越多，排量越大，（　　）；在同等排量下，缸数越多，缸径越小，转速可以提高，从而获得较大的提升功率。

A. 功率越高　　B. 功率越低　　C. 转速越高　　D. 转速越低

8. 汽车直列 6 缸发动机的动平衡（　　），振动相对较小。

A. 较好　　B. 一般　　C. 较小　　D. 最低

9. 制动效能使用汽车制动过程中的（　　）来评价。

A. 制动力、制动减速度、制动距离

B. 制动时间、制动速度、制动距离

C. 制动时间、制动减速度、制动距离

D. 制动反应时间、制动减速度、制动距离

10. 汽车的稳定性是汽车在受到外界扰动后恢复原来运动状态的能力，以及抵御发生（　　）的能力。

A. 倾覆　　B. 倾覆和侧滑　　C. 侧滑　　D. 振动

三、判断题

1. 最小离地间隙是指车辆支撑平面与车辆上中间区域内最低点之间的距离。（　　）

2. 转弯直径是转向盘转到极限位置时，内外转向轮的中心平面在车辆支撑平面上的轨迹圆半径。（　　）

3. 排量 1 L 以下的发动机常用 3 缸。（　　）

4. 直列发动机的气缸体成一字排开，缸体、缸盖和曲轴结构简单，制造成本低，低速转矩特性好，燃料消耗少，尺寸紧凑，应用比较广泛；缺点是功率较低。（　　）

5. 国产汽车发动机大多采用每缸 2 气门，即一个进气门，一个排气门。（　　）

6. 汽车发动机百公里油耗的检测是国家规定的。（　　）

7. 汽车发动机压缩比是指气缸中的气体的最大容积与压缩后的最小容积之比。（　　）

8. 汽车发动机采用什么样的布置形式与它的车型定位没有关系。（　　）

9. 汽车的其他性能不包括平顺性、环保性、可靠性、耐久性等。（　　）

四、简答题

1. 汽车的制动性包含哪些内容？

2. 汽车的通过性的定义是什么？

3. 汽车的燃料经济性的定义是什么？

4. 汽车的加速能力是指什么？

5. 汽车车高是指什么？

6. 汽车轴距是指什么？

7. 汽车后悬是指什么？

任务2　车辆的正确使用

一、填空题

1. 汽车使用寿命是指______________________________之间的整个时期。它可以用累计使用________或累计_______________表示。

2. 由于车辆老旧，其__________、__________大幅度下降，造成燃料、润滑材料消耗增加，维修频繁，耗费大量的配件材料和工时，致使维修费用剧增。

3. 研究汽车使用寿命的意义在于保持在用车辆具有良好的____________、____________、____________、____________、____________车辆的社会效益和经济效益。

4. 决定汽车使用寿命的因素有________________、______________和______________。

5. 汽车技术使用寿命主要取决于汽车各个零部件（总成）的____________________、_________________和_____________________等。

6. 一般汽车经济使用寿命在________万公里。

7. 把汽车总的行驶里程与年平均行驶里程相除所得年限作为________________。

8. 年平均行驶里程是用统计方法确定的，与车辆的_____________、_____________、____________和__________等因素有关。

9. 在发动机的各种工作状况中，________、________状况是最耗油的。

10. 为节省燃油，行驶时勿使发动机以不必要的低转速运转，应尽可能挂入________，只有当发动机运转不平稳时挂入低挡。

二、选择题

1.《机动车强制报废标准规定》要求使用年限（　　）年的机动车，不得变更使用性质、转移所有权或者转出登记地所属地市级行政区域。

A. 1　　B. 2　　C. 3　　D. 4

2. 营运车辆转为非营运车辆和非营运车辆转为营运车辆，一律按营运车辆的规定年限（　　）年报废。

A. 8　　B. 9　　C. 10　　D. 11

3. 工业发达国家汽车的平均使用寿命一般为（　　）年。

A. 1～3　　B. 2～4　　C. 5～8　　D. 7～12

4. 营运载客汽车与非营运载客汽车相互转换的，按照营运载客汽车的规定报废，但小、微型非营运载客汽车和大型非营运载客汽车转为营运载客汽车的，不得超过（　　）年。

A. 14　　B. 15　　C. 16　　D. 17

5. 国外研究资料表明，一辆汽车的制造费用平均约占全部使用期内总费用的（　　），而使用和维修费用则占总费用的（　　）左右。

A. 10%、90%　　B. 20%、80%　　C. 15%、85%　　D. 5%、95%

6. 定期保养不仅能提高行驶安全性，延长汽车的使用寿命，并且还能保证燃油经济性，减少环境污染。因为技术状态不良的发动机，其油耗要比正常状况高出（　　）左右。

A. 10%　　B. 20%　　C. 30%　　D. 40%

7. 发动机及催化转换器达到正常工作温度后，燃油消耗才能达到正常状态。处于冷状态的中型轿车发动机，起步行驶后（　　）km 内，其百公里油耗高达 30～40 L，行驶 2 km 后降至 20 L，大约行驶 4 km 后油耗方能达到正常状态。因此，应尽可能减少短距离行驶。

A. 1　　B. 2　　C. 3　　D. 4

8. 汽车若以最高车速的 3/4 行驶，与最高车速相比，油耗可降低（　　）。

A. 20%　　B. 30%　　C. 40%　　D. 50%

9. 若轮胎胎压低于标准值 30%，轮胎的使用寿命下降（　　）。

A. 15%　　B. 20%　　C. 28%　　D. 37%

10. 车速在 100～120 km/h 的时候，行李架将使油耗提高（　　）左右。

A. 11%　　B. 12%　　C. 13%　　D. 14%

三、判断题

1. 后风窗加热器、辅助前大灯、鼓风机及空调系统的耗电量均相当大，它们会增加发电机负荷，提高燃油消耗量。例如，后风窗加热器使用 10 h，整车油耗将增加 1.0 L。（　　）

2. 若轮胎胎压低于标准值 30%，油耗将增加 6.5%。（　　）

3. 不同类型的营运载客汽车相互转换，按照使用年限较严的规定报废。（　　）

4. 加油时要轻踏轻放，切忌猛踩猛踏。在城市道路行车时，一般来说速度都较慢，在跟车行进中常有停顿、等候，一些车主为了防止别人“插队”而猛加油、猛刹车，这样很容易发生碰撞事故，更不利于节油。（　　）

5. 长途高速行车时，空气气流所造成的行车阻力较小，此时若再打开车窗，气流乱窜不但会造成车体不稳，也会更加费油。高速行驶时应尽可能地关闭车窗，以降低行驶噪声及空气阻力，相应降低油耗。（　　）

6. 危险品运输载货汽车、半挂车与其他载货汽车、半挂车相互转换的，按照危险品运输载货车、半挂车的规定报废。（　　）

四、简答题

1. 提高汽车经济使用寿命的措施有哪些？

2. 简述倒车雷达键的作用。

3. 简述正确的换挡方法。

4. 汽车在正常使用过程中，其性能将随着使用年限（或行驶里程）的增加而逐渐下降，使用到一定期限就应报废。如果无限制地延长汽车的使用寿命，将导致哪些后果？

5. 简述汽车经济使用寿命的指标。

五、汽车功能图标识读

图标	名称及说明
SHADE	

续表

图标	名称及说明

项目二　汽车消耗品的合理选用

任务1　汽车燃料的合理选用

一、填空题

1. 为了确保汽油机正常工作，根据汽油机的工作特点和条件，要求汽油具有良好的__________、__________、__________、__________、______________。

2. 国家汽油质量指标规定，汽油蒸气压小于__________。

3. 89 号汽油适用于引擎压缩比____________的汽车。

4. 燃烧性是指柴油喷入气缸后立即自行着火燃烧的能力。评定指标是十六烷值。十六烷值越_____，着火后延迟期越短，越__________发生爆燃。

5. 柴油的低温流动性是指在低温下，柴油在发动机燃料系统中能否顺利地泵送和通过油滤，从而保证发动机正常供油的性能。评定指标是_____________、_____________、_____________。

6. 柴油的腐蚀性是指__________、__________、________________对金属材料的破坏作用。

7. 5 号普通柴油适用于风险率为______的最低气温在______以上的地区使用。

8. 在寒冷地区，缺乏低凝点柴油时，可向高凝点、轻柴油中掺入____________的裂化煤油以降低凝点，掺兑后混合均匀使用。

9. 乙醇是一种__________、__________、__________的液体，醇类是烃基和羟基组成的化合物，这就从化学性质上决定了醇类可以作为内燃机的代用燃料。

二、选择题

1. 引擎压缩比为 8.5 ~9.5 的汽车使用（　　）号汽油。

　A. 89　　B. 92　　C. 95　　D. 99

2. 柴油的功率和加速性好，对环境污染小，比较省油，其单位功率燃料消耗量比汽油机低（　　）。

　A. 30% ~40%　　B. 40% ~50%　　C. 50% ~60%　　D. 60% ~70%

3. 柴油的能量密度比汽油高出（　　）以上，在燃烧过程中，柴油的热效率高达 40%，而等量的汽油热效率只为 30%。

　A. 5%　　B. 10%　　C. 15%　　D. 20%

4. （　　）号普通柴油适用于风险率为 10% 的最低气温在 4℃以上的地区使用。

　A. 0　　B. 5　　C. 10　　D. －10

5. 引擎压缩比在10.0以上的汽车应选用（　　）号汽油。

A. 88　　B. 90　　C. 95　　D. 97

6. 严禁向（　　）中掺入汽油，因为汽油的发火性差，掺汽油会导致启动困难，甚至不能启动。

A. 汽油　　B. 柴油　　C. 水　　D. 石油

7. 在低温启动困难时，可采取适当的预热措施，提高发动机温度，也可另用启动燃料帮助启动。例如用乙醚与航空煤油按体积（　　）配成的燃料很容易自行着火。

A. 2∶1　　B. 1∶1　　C. 1∶2　　D. 1∶3

三、判断题

1. 现代发动机，不论是汽油机或是柴油机，多为高功率、低污染发动机，由于对热的负荷较高，因此强烈建议一定要特别注意机油的品质及更换的时间，以保障行车安全。（　　）

2. 石油是一种不可再生能源。（　　）

3. 汽车燃料主要是指汽油。（　　）

4. 92号无铅汽油为绿色。（　　）

5. 98号无铅汽油为红色。（　　）

6. 10号普通柴油适用于风险率为10%的最低气温在12℃以上的地区使用。（　　）

7. 发动机压缩比高的汽车使用高牌号的燃油。燃油牌号越高，油的燃烧速度就越慢，燃烧爆震就越低，发动机需要较高的压缩比；反之，低牌号燃油的燃烧速度较快，燃烧爆震大，发动机压缩比较低。（　　）

8. 根据国家标准GB 17930—2013的规定，车用汽油牌号由“90号、93号、97号”修改为89号。（　　）

9. 一般加油站所销售的柴油均为轻柴油。轻柴油产品目前执行的国家标准为GB 252—2011。（　　）

10. 柴油的评定指标是十六烷值。十六烷值越高，着火后延迟期越短，越不容易发生爆燃。（　　）

四、简答题

1. 清洁燃料分为哪几类?

2. 简述汽车燃料的定义。

3. 简述汽油的使用注意事项。

4. 简述柴油的性能要求。

5. 简述柴油牌号的特点。

6. 简述柴油的使用注意事项。

任务2　汽车润滑材料的检查与选用

一、填空题

1．发动机润滑油又称______________或______________。

2．润滑作用是发动机润滑油的____________。

3．润滑油油膜可以附着在发动机内部运动部件之间的间隙（如气缸和活塞之间的间隙）内，这样既可以起到________的作用，同时也可以保证运动部件____________。从密封作用来看，黏度高的润滑油比黏度低的润滑油所起的作用________。

4．燃料在发动机中燃烧后产生的无效热能如不及时________，发动机会因温度过高而________。

5．黏度______的润滑油循环速度快，因而它的洗涤作用要比黏度______的润滑油好。

6．黏度是表示油料稀稠程度的一项指标，是润滑油分类和使用的__________。

7．润滑油的黏度是随__________的变化而变化的。

8．氧化安定性是指润滑油在储存和使用中_______________的能力。

9．抗泡沫性是指在润滑油中加入抗泡剂，以提高润滑油的__________能力。

10．抗腐蚀性是指提高润滑油的____________、____________，或是添加____________，使润滑油具有良好的抗腐蚀性能。

二、选择题

1．汽油机油系列（S 系列）共有（　　）个等级。

A．6　　B．7　　C．8　　D．9

2．柴油机油系列（C 系列）共有（　　）个等级。

A．5　　B．6　　C．7　　D．8

3．自动变速器油在自动变速器中工作时，系统内部工作温度可达 140～170℃，油的流速可达（　　）m/s。

A．10　　B．20　　C．30　　D．40

4．车辆行驶一段距离后，变速器油液可达到的正常工作温度是（　　）℃。

A．60～70　　B．70～80　　C．80～90　　D．90～100

5．当自动变速器正常运转时，自动变速器油充注在变矩器和各油缸油道内，液面（　　），熄火后，液面会（　　）。

A．下降、升高　　B．下降、下降　　C．升高、升高　　D．升高、下降

6．非冬季用油共有（　　）个等级。

A．2　　B．3　　C．5　　D．6

7．齿轮油的性能指标有（　　）种。

A．6　　B．7　　C．8　　D．9

8．齿轮油分为（　　）个级别。

A. 5　　B. 6　　C. 7　　D. 8

9. 润滑油的黏度是随温度的变化而变化的，温度（　　），黏度（　　）；反之，温度（　　），黏度（　　）。

A. 越高、越小、越低、越大　　B. 越大、越低、越低、越大

D. 越小、越高、越低、越大　　D. 越低、越高、越小、越大

10. 冬季用油（W）共有 0W、5W、（　　）、20W 和 25W 六个等级，其级号越小，适应温度越低。

A. 10W、15W　　B. 8W、10W

C. 10W、14W　　D. 8W、14W

三、判断题

1. 普通车辆齿轮油有 80W/90、85W/90 和 90 三个黏度牌号。（　　）

2. 重负荷车辆齿轮油有 75W、80W/90、85W/90、90 和 140 五个黏度牌号。（　　）

3. 滴点是指润滑脂在一定试验条件下，从不流动状态转变为流动状态的过程中滴出第一滴润滑脂时的温度，它是润滑脂的耐热性指标，能反映出润滑脂的最高使用温度。（　　）

4. 润滑脂能吸附在金属表面以保护金属不受内界物质的腐蚀。（　　）

5. 鼓式制动器的拆卸方法是先拆下回位弹簧，然后拆卸摩擦片支撑销，清洁润滑完毕后按拆卸顺序装回。（　　）

6. 润滑脂按稠化剂的类别分为皂基和非皂基两大类。按稠化剂的类别作为润滑脂的分类法使用得最多。（　　）

7. 汽油机油系列（S 系列）共有 SC、SD、SE、SF、SG 五个等级。（　　）

8. 柴油机油系列（C 系列）共有 CC、CD、CD－Ⅱ、CE、CE－Ⅱ和 CF－4 六个等级。（　　）

9. 汽车自动变速器润滑油检查油质、颜色、气味和杂质，确认自动变速器油是否过热变质。（　　）

10. 润滑脂按特性分为高温润滑脂、耐寒润滑脂和极压润滑脂。（　　）

四、简答题

1. 什么叫作油性？

2. 简述齿轮油的使用注意事项。

3. 简述油质的检查方法。

4. 简述自动变速器油面高度的检查方法。

5. 简述润滑脂的使用注意事项。

6. 简述发动机润滑油在使用中的品质变化及检验方法。

7. 简述齿轮油的品种与规格。

任务3　汽车其他工作液的检查与选用

一、填空题

1. 目前，汽车发动机冷却系统中一般都注入__________。

2. 防冻液是汽车发动机____________内的主要工作介质。

3. 防冻液一般由__________和__________两部分组成。

4. 基础液一般由水和醇组成。目前最常用的是__________和__________。

5. 水的沸点是100℃，优质的防冻液沸点通常为______℃，这样在夏季使用时，防冻液比水更难开锅。

6. 防冻液的更换与________没有关系。

7. 一般优质的防冻液________更换一次，而那些运行时间短的车辆可每两年或每3万公里更换一次。

8. 制动液在各种条件下都能及时____________，并同时使传动机构中的运动件得到一定的________。

9. 制动液具有较强的________能力。

10. 发动机及其冷却系统是金属制造的，有______、有______、有______、有______，还有__________。金属在高温下与水或者劣质的防冻液接触，时间长了会遭到__________和__________。

二、选择题

1. 一般普通型的防冻液都可达到（　　）℃。

A. －40　　B. －50　　C. －60　　D. －70

2. 防冻液在流经（　　）后，被分配到汽车不同的部分发挥作用。

A. 二通管　　B. 三通管　　C. 四通管　　D. 五通管

3. 合成型制动液是目前使用最多的制动液，可分为（　　）类。

A. 3　　B. 4　　C. 5　　D. 6

4. 制动液的更换以汽车的行驶里程或时间确定，一般行驶里程超过（　　）km或时间超过两年需更换。

A. 10 000　　B. 20 000　　C. 30 000　　D. 40 000

5. 实验证明，当制动液的吸湿率达到（　　）时，制动液的理化性能降低，即会恶化和变质，将使制动总泵、分泵、压力调节器、密封件等受到不同程度的损伤，也易产生气阻。

A. 3%　　B. 4%　　C. 5%　　D. 6%

6. 一级管路的排气顺序是（　　）。

A. 右后、右前、左后、右前　　B. 左后、右前、右后、左前

C. 左后、右前、左后、右前　　D. 右后、右前、右后、左前

7. 汽车上配置的助力转向系统大致可以分为（　　）大类。

A. 2　　B. 3　　C. 4　　D. 5

8. 酯型制动液的基础液为羧酸酯与硼酸酯，加入量（质量分数）大约为总量的（　　）。

A. 20% ~50%　　B. 20% ~60%　　C. 20% ~70%　　D. 20% ~80%

9. 汽车制动液又称（　　）。

A. 刹车油　　B. 停车油　　C. 冷车油　　D. 预车油

10. 目前市场上的防冻液分为（　　）种。

A. 2　　B. 3　　C. 4　　D. 5

三、判断题

1. 放水大约1 h后，将新的防冻液由水箱（散热器）的水管加入，这是让防冻液快速流入水箱的方法。（　　）

2. 合成型制动液是目前使用最多的制动液，可分为醇醚型、酯型和合成型。（　　）

3. 常用的稀释剂为聚乙二醇单烷基醚等，常用的添加剂有抗氧化剂、抗腐蚀剂、pH值调整剂等。（　　）

4. 拆卸储液罐的液位传感器插头，倒空储液罐并清洗，然后重新安装。（　　）

5. 有ABS的车辆需要进行二级排气。（　　）

6. 不同类型的制动液由于成分不同，混合后可能发生反应，分层或沉淀，堵塞制动系统，以致失去作用，通常不允许混用。（　　）

7. 制动液都是由有机溶剂制成的，它易挥发、易燃，灌装和保存时应远离火源，防止日晒雨淋，用后把瓶盖拧紧，防止吸水变质。（　　）

8. 优质的防冻液不仅不会对发动机冷却系统造成腐蚀，还具备防腐、除锈功能。（　　）

9. 防冻液的有效期通常为两年，添加时应确认该产品在有效期之内。（　　）

10. 防冻液不具备防腐、除锈功能。（　　）

四、简答题

1. 简述防冻液的作用。

2. 汽车制动液一般有哪几类？简单介绍一下。

3. 简述制动液的要求。

4. 汽车制动液的选择应坚持哪两条原则?

5. 简述玻璃水的功能。

6. 简述汽车助力转向系统的类型和作用。

任务4　汽车轮胎的检查与选用

一、填空题

1. 汽车轮胎分为________________与________________两类。

2. 斜交线轮胎采用____________________________作为轮胎的骨架。

3. __________轮胎在汽车中运用较为广泛。

4. 常用轮胎的花纹有____________、____________、____________、____________和____________等。

5. 装配使用轮胎应选择与____________相适应，行驶在高速公路上的汽车应装配适合____________的轮胎。

6. 轮胎不宜露天存放，避免阳光照射。储存环境温度为__________，湿度为________。

7. 轮胎的装配必须使用同一规格的________、________、________。

8. 汽车轮胎的普通花纹一般分为__________和__________两种，其中______、______均可选用纵向花纹；横向花纹仅用于货车。

9. ________汽车轮胎越野能力强，适用于矿山、建筑工地以及其他一些松软路面上使用。越野花纹轮胎不宜在______________或________公路上使用，否则行驶阻力加大且加速对花纹的磨损。

10. 轮胎在夏季长时间高速行驶应增加____________，停车位置应在树荫下、背阴地，自然降低轮胎的温度，严禁____________。

二、选择题

1. 轮胎使用气压应符合该层级轮胎规定的标准，充气公差为（　　）。

   A. 载重轮胎 ±20 kPa，工程胎 ±30 kPa

   B. 载重轮胎 ±30 kPa，工程胎 ±40 kPa

   C. 载重轮胎 ±40 kPa，工程胎 ±50 kPa

   D. 载重轮胎 ±50 kPa，工程胎 ±60 kPa

2. 载重轮胎每行驶（　　）km 应进行一次换位。

   A. 12 000 ~ 15 000　　B. 13 000 ~ 15 000

   C. 14 000 ~ 16 000　　D. 15 000 ~ 16 000

3. 当轮胎使用年限超过（　　）年时，不管轮胎是否完好，也需更换。

   A. 5　　B. 6　　C. 7　　D. 8

4. 车轮在恶劣的路面上行驶，速度应控制在（　　）km/h。

   A. 5 ~ 10　　B. 10 ~ 15　　C. 15 ~ 20　　D. 20 ~ 25

5. 轮胎的生产日期是一组（　　）位数的编码。

   A. 4　　B. 5　　C. 6　　D. 7

6. 汽车轮胎上沟纹的主要作用是（　　）。

A. 增加与地面的摩擦力　　B. 排除雨水和泥水

C. 增加车身的缓冲　　D. 增加与地面的附着性

7. 轮胎花纹深度小于（　　）mm 时，必须更换轮胎。

A. 1.4　　B. 1.5　　C. 1.6　　D. 1.7

8. 车轮套在车轴上后，摁住车轮下方，用手把螺母旋上（　　）牙以上，才可用“风炮”旋紧。

A. 1　　B. 2　　C. 3　　D. 4

9. 在用扭力扳手将所有车轮螺栓拧紧时，福特车型扭力一般为（　　）N·m。

A. 85 ~ 120　　B. 80 ~ 115　　C. 75 ~ 110　　D. 70 ~ 105

三、判断题

1. 轮胎标识是指按国家标准规定，在外胎的两侧要标出生产编号、制造厂商标、尺寸规格、胎体帘布汉语拼音代号。（　　）

2. 充气轮胎尺寸目前一般用英制单位，但欧洲国家常用公制。高压胎一般用 $C \times B$ 来表示，其中 C 表示轮胎直径的英寸数，B 表示轮胎断面宽度的英寸数。（　　）

3. 汽车上常用的是低压胎，其尺寸标记用 $B - d$ 表示，例如 9.00 - 20，即表示断面宽度 B 为 9 in，而轮辋直径 d 为 20 in。（　　）

4. 选择轮胎时，应尽量选用车厂推荐的轮胎厂生产的同尺寸、同花纹的轮胎。如果找不到相同厂家生产的轮胎，则一定要选用相同尺寸的轮胎。（　　）

5. 轮胎不宜与油类、酸类、易燃物及化学腐蚀物品储存在同一库房。（　　）

6. 新胎更换旧胎时，新胎应安装在前轮或后轮内侧。（　　）

7. 轮胎的行驶里程一般为 5 ~ 8 万公里，但有些高端进口品牌的轮胎行驶里程可能只有 4 ~ 7 万公里。（　　）

8. 汽车行驶一般前轮负荷大于后轮，如果驾驶位置在左侧，那么通常情况下，汽车向左转时的车速会大于向右转弯时的车速，导致汽车右侧轮胎在左转弯时受到的压力大于左侧轮胎，汽车行驶一定里程后，右侧轮胎的右侧边缘磨损最为严重。（　　）

9. 同一轴上应装配同一规格、层级、花纹的轮胎；子午线结构的轮胎不得和斜交线轮胎同轴共用。（　　）

10. 轮胎使用过程中不需要进行换位。（　　）

四、简答题

1. 简述正确选用轮胎的方法。

2. 简述轮胎储存的注意事项。

3. 简述轮胎的装配和拆装注意事项。

4. 简述轮胎维修保养工单的要求。

5. 简述非对称花纹轮胎安装时的注意事项。

6. 简述轮胎磨损检查的内容。

项目三　新车检查与日常维护

任务1　新车 PDI 检查

一、填空题

1. 车辆由制造厂发往经销商的运输过程中可能出现损伤，车辆到达经销商处时，必须对车辆状态进行验证，________________________，以保证车辆状态正常、资料物品齐全。

2. 车辆运输状况主要包括______________、______________、司机姓名、司机联系电话、装运车辆数量、______________等。

3. 车辆明细资料主要包括____________、____________、__________、___________、______________、____________等信息。随车物品包括车辆手续资料和随车工具。

4. 随车工具一般包括____________、____________、________、________、________、________等。

5. 标牌的位置应当是除外面的车门外，________________________就可读出的地方。

6. 我国汽车的 VIN 码大多可以在______________、____________________找到。

7. 启动发动机，转速表应打到________转以上，再平顺滑落至________转左右。

8. 试车以后，打开________________，看看里面是不是有烟雾产生。

9. 传动系一般由____________、____________、______________、____________、____________和____________等组成。

10. 传动系可按能量传递方式的不同，划分为机械传动、____________、____________、电传动等。

二、选择题

1. 汽车 VIN 码由（　　）位字符组成。

A. 17　　B. 18　　C. 19　　D. 20

2. 车辆识别代号经过排列组合，可以使车型生产在（　　）年之内不会发生重号现象。

A. 20　　B. 30　　C. 40　　D. 50

3. 汽车前照灯按其结构特点可以分为（　　）种。

A. 2　　B. 3　　C. 4　　D. 5

4. 发动机点火短暂且顺利，转速平稳，无抖动和杂音。一小段时间后，转速表应该维持在（　　）左右。

A. 600 ~1 000 转　　B. 800 ~1 000 转

C. 800 ~1 200 转　　D. 900 ~1 200 转

5. 行驶系由汽车的车架、车桥、(　　) 和悬架等组成。

A. 减振器　　B. 车轮　　C. 变速器　　D. 发动机

6. 转向操纵机构主要由转向盘、(　　)、转向管柱等组成。

A. 万向节　　B. 转向轴　　C. 横拉杆　　D. 悬架

7. 制动器的作用是使行驶中的汽车按照驾驶员的要求进行强制（　　）。

A. 减速　　B. 停车　　C. 减速甚至停车　　D. 稳定车速

8. 制动系统按制动能量的传输方式分为机械式、液压式、(　　)、电磁式等。

A. 气压式　　B. 真空式　　C. 电动式　　D. 高压式

9. 汽车铭牌上有（　　）、出厂日期、车架号、发动机号的信息。

A. 排量　　B. 载客数　　C. 载重量　　D. 汽车品牌

10. 变速器换挡应轻便灵活，挡位准确，(　　)，连续换挡时应该流畅。

A. 不脱挡、不乱挡　　B. 不脱挡、不乱挡、无异响

C. 不乱挡、无异响　　D. 不脱挡、无异响

三、判断题

1. 汽车大灯总成的结构一般由光源（灯泡）、反光镜、配光镜及其附件组成。（　　）

2. 按前照灯在汽车上的安装方式可分为内装式前照灯、可藏式前照灯和外装式前照灯。（　　）

3. 厂家将新车运至经销商处后，首先由销售人员验证车辆运输状况，经验收人员验收后，再编写入库编码，将车辆运输状况及入库编码记录在车辆入库检验单上。（　　）

4. 汽车发动机所发出的动力靠传动系传递到驱动车轮。（　　）

5. 按制动系统的作用分类，制动系统可分为人力制动系统、动力制动系统和伺服制动系统等。（　　）

6. 按制动操纵能源分类，制动系统可分为行车制动系统、驻车制动系统、应急制动系统和辅助制动系统等。（　　）

7. 转向器是将转向盘的转动变为转向摇臂的摆动或齿条轴的直线往复运动，并对转向操纵力进行放大的机构。（　　）

8. 对汽车行驶速度进行强制降低的一系列专门装置统称为制动系统。（　　）

9. 铭牌上的内容包括排量、车架号、发动机号。（　　）

10. 汽车传动系统按照传动方式的不同可分为机械传动、液力传动、电传动等。（　　）

四、简答题

1. 简述恢复新车正常工作状态的意义。

2. 简述汽车转向系统的定义。

3. 简述汽车制动系的功用。

4. 什么是组合式制动系统?

5. 简述转向系统的组成及功用。

6. 简述汽车底盘系统的组成。

任务2 汽车的日常维护

一、填空题

1. ____________、____________是汽车维护的基本原则。

2. 汽车维护工作是保持汽车正常技术状态的基础，维护的作业内容是依照汽车技术状况____________来安排的。

3. 为防止酸性潮气对涂面造成损害，最简单的办法就是给汽车涂上一层保护膜，防止涂面褪色、老化，如__________、__________、__________等。

4. 季节维护主要有换入__________和换入__________两种情况。

5. 汽车__________一般是人们最容易忽略也是最容易遭到__________的部位。

6. 汽车磨合期里程一般为______________。

7. 汽车磨合期的保养操作可分为__________的保养、__________的保养和__________的保养。

8. 清洁全车，检查汽车各部位的连接情况。汽车外露的________、________必须紧固稳妥。

9. 检查补充散热器的冷却液，检查并排除全车的__________、_________、_________和__________现象。

10. 汽车非定期维护分为_______________、_______________，此外还有封存和启用维护。

二、选择题

1. 汽车行驶（　　）km 左右进行磨合中期保养。

A. 400　　B. 500　　C. 200　　D. 150

2. 下列选项中，不属于汽车定期维护的是（　　）。

A. 走合期维护　　B. 一级维护　　C. 二级维护　　D. 日常维护

3. 汽车一级维护后，汽车各部件应无（　　）、异常现象。

A. 声音　　B. 反应　　C. 松动　　D. 油污

4. 汽车维护的主要工作包括（　　）、润滑、补给等项目。

A. 清洁、检查、紧固、调整　　B. 清洁、检查、紧固

C. 检查、紧固、调整　　D. 清洁、检查、调整

5. 日常维护作业防止“四漏”，即防止（　　）。

A. 漏水、漏轮胎、漏气和漏电　　B. 漏水、漏油、漏零件和漏电

C. 漏水、漏油、漏气和漏电　　D. 漏水、漏油、漏气和漏电池

6. 日常维护作业坚持“三检”，即（　　）。

A. 出车前、行车中、收车后　　B. 出车前、加速中、收车后

C. 出车前、行车中、停车后　　D. 高速前、行车中、收车后

7. 日常维护基本作业项目中，出车前要检查散热器（　　）及有无泄漏现象。

A. 存水量、燃油量、修正量　　B. 存机油量、燃油量、水量

C. 存燃油量、水量、机油量　　D. 存水量、燃油量、机油量

8. 汽车磨合期结束后，应到指定的汽车维修站进行磨合期保养。通过保养对汽车进行全面的（　　）作业，使汽车达到良好的行驶状态。

A. 检查、紧固、调整和润滑　　B. 检查、调整和润滑

C. 检查、紧固、调整和冷却　　D. 维修、紧固、调整和润滑

三、判断题

1. 汽车一级维护不属于计划维护范畴。（　　）

2. 检查机油油位时，将车辆停放在水平场地，待发动机停转几分钟后，拔出机油尺，用布擦干净后再插回原处。再次拔出机油尺，读出机油油位。（　　）

3. 汽车行驶过程中，当冷却液温度报警灯亮时，应立即停车检查，确认无患后，方可继续行驶；若继续报警，立即停驶检修。（　　）

4. 汽车日常维护是发挥车辆效率、减少行车事故、节约维修费用、降低能耗和延长车辆使用寿命的重要环节。（　　）

5. 紧固工作是为了使各部件连接可靠，防止松动。（　　）

6. 日常维护是保证汽车正常技术状况的基础，由驾驶员负责完成。（　　）

7. 检查冷却系，夏季定期换水以防堵塞，冬季未加防冻液的水应该放净。（　　）

8. 磨合期内的维护内容驾驶员不可以自己完成。（　　）

四、简答题

1. 汽车维护的主要工作有哪些?

2. 简述汽车二级维护的内容。

3．简述汽车维护级别的划分。

4．画出汽车日常维护作业的工艺流程。

5．简述冬季汽车天窗的维护方法。

6．简述汽车磨合期保养。

任务3　汽 车 年 审

一、填空题

1．汽车年审就是对汽车进行______________________和对汽车进行相应的__________。

2. 每年按________________给车辆做一次体检，及时消除车辆安全隐患，督促加强汽车的维护保养，减少交通事故的发生，称为验车。

3. 小型、微型非营运载客汽车6年以内每2年检验1次；超过6年的，每年检验1次；超过____年的，每年检测____次，尾气检测随年检日期。

4. 摩托车____年以内每____年检验____次；超过4年的，每年检验____次。

5. 从__________新规定实行起，公安交通管理部门可以提供小轿车异地年检和网上预约年检等服务，方便了车主，地市范围内机动车所有人可自主选择检验机构进行检验。

6. 车管所的检验机构，为了方便车辆年检，对预约年检的车辆开设了预约通道和窗口，车主在验车时减少了排队时间，可以直接________，检测合格后，持检测合格报告单领取年检________和________。

7. 改装氙气大灯的汽车在年审的时候容易________，车管所会对车辆的灯光进行检查。如果被检查出车辆的灯光过暗或者过强则会被视为不合格，不得通过年审。

8. 确保车辆制动性能良好，________该换则换，车辆的制动性能是车辆安全性的一个重要指标，是年审必查项目。

9. 同轴轮胎________、________、________必须一致，经过检查对相应部位进行保养，以便让汽车顺利通过年审。

10. 先办理车辆保险续保，再参加年审。车辆年检都是以上牌时间为准的，如年审时恰巧也是保险到期的时候，且保单即将在____天以内到期，一定要先办理续保再参检。

二、选择题

1. 营运载客汽车（　　）年以内每年检验1次；超过（　　）年的，每（　　）个月检验1次。

A. 4　　B. 5　　C. 6　　D. 7

2. 年检需要准备的证件有车辆行驶证、（　　）和车主的身份证原件。

A. 保险证　　B. 驾驶证　　C. 暂住证　　D. 合格证

3. 定期检验的车辆凭机动车行驶证、机动车定期检验表、（　　）以及路桥费（年票）的缴费凭证进行检验。

A. 交强险保险证　　B. 商业险保单

C. 机动车检验合格证　　D. 驾驶证

4. 年审前必须先到公安部门处理车辆的（　　）。

A. 保险证　　B. 贷款

C. 交通违章记录　　D. 清洁卫生

5. 车辆的（　　）和警示牌都是年检时的必检物品。

A. 灭火器　　B. 车刷　　C. 随车工具　　D. 千斤顶

6. 点燃式发动机汽车用（　　）检测排气污染物。

A. 双怠速法　　B. 快怠速法　　C. 自由加速法　　D. 自由减速法

7. 压燃式发动机汽车用（　　）检测排气烟度。

A. 双怠速法　　B. 快怠速法　　C. 自由加速法　　D. 自由减速法

8．持外观检验单到外观工位，先查相关手续，核验（　　）是否在有效期内。

A．强制性保险　　B．商业保险　　C．意外保险　　D．划痕险

9．交通违章记录未处理将影响（　　）的通过，请在年审前查询交通违章记录，如有违规请尽快缴交罚款。

A．年审　　B．车辆　　C．汽车　　D．驾驶人

10．年检前需要提前对车辆灯光进行检查，如果灯光过暗，则应查看（　　）是否老化，必要时更换相关部件。

A．灯光线路以及灯泡　　B．灯壳以及灯泡

C．灯光线路以及灯泡熔丝　　D．灯继电器以及灯泡

三、判断题

1．车辆年检是指每台已经取得正式号牌和行驶证的车辆都必须进行的一项检测。（　　）

2．年审的具体时间是根据“机动车检验合格标志”背面的时间节点来确定的。（　　）

3．私家小汽车定期检查主要是车辆安全综合性能检测。（　　）

4．车内如无灭火器或牌照框不合格，车管所可以免费提供。（　　）

5．车身上贴大幅的装饰性车贴，或者贴上大幅炫目的车友会车标不会影响年审。（　　）

6．灭火器和三角反光板不是汽车年审的必备物品。（　　）

7．大型汽车按照规定要在车门两边用汉字仿宋体喷写单位名称或车辆所在地街道、乡镇名称和驾驶室限坐人数。（　　）

8．车辆的制动性能是车辆安全性的一个重要指标。（　　）

9．车辆年检时发现保单即将过期，将无法通过年检。（　　）

10．汽油发动机汽车使用双怠速法检查排气烟度。（　　）

四、简答题

1．简述汽车年审新、老规定有哪些不同。

2. 汽车年审需要做好哪些准备？

3. 汽车年检检查的内容有哪些？

4. 简述不同汽车尾气的检测方法。

5. 什么是汽车年审？

6. 简述道路货运车辆审验的内容。

项目四　车辆维护典型作业

任务1　首 次 维 护

一、填空题

1. 空调滤清器更换周期为____万公里。
2. 汽油滤清器更换周期为____万公里。
3. 自动变速箱油更换周期为____万公里。
4. 手动变速箱油更换周期为____万公里。
5. 制动液更换周期为____万公里。
6. 火花塞更换周期为____万公里。
7. 汽车首次维护的重点是________________和________________。
8. 空气滤清器是空气进入发动机的第一道关卡，可以减少__________、__________、__________、__________及__________的早期磨损，起到保护部件的作用。

二、选择题

1. 打开科鲁兹轿车机油滤清器需准备的工具是（　　）。

A. T15　　B. T30　　C. T45　　D. T60

2. 科鲁兹轿车发动机放油螺栓，拧紧力矩为（　　）N·m。

A. 14　　B. 24　　C. 34　　D. 44

3. 科鲁兹轿车使用的机油滤清器只需要更换滤芯即可，无须整个更换。机油滤清器在油底壳的附近，拆卸与安装使用的都是（　　）mm 的六角套筒。

A. 14　　B. 24　　C. 34　　D. 44

4. 一般来说，（　　）的空气中会含有相对较多的灰尘和沙粒，空气滤清器很容易发生堵塞，这时发动机就会出现不易启动、加速无力以及怠速不稳等症状。

A. 春天　　B. 夏天　　C. 秋天　　D. 冬天

5. 理论上，每单位体积的燃油燃烧时，约需要有（　　）万单位体积的清洁空气。

A. 1　　B. 2　　C. 3　　D. 4

三、判断题

1. 汽车常规维护的主要内容是检查、调整、润滑。　（　　）
2. 一般新车行驶 5 000 ~ 10 000 km 就需要进行首次维护。　（　　）
3. 首次维护不需要检查汽车外露部位的螺钉和螺母。　（　　）

4. 首次维护发动机部分的作业内容就是更换机油和机油滤清器。 (　　)

5. 维护前几天不要洗车，因为一般在 4S 店维护后都会免费清洗车辆。 (　　)

6. 在使用高压空气清洁空气滤清器时请注意压缩空气的方向，应从上向下吹。(　　)

7. 更换机油及机油滤芯，从更换出的机油情况判断发动机的机械加工精度是否良好。 (　　)

8. 发动机更换机油，只能从油底壳处排放机油。 (　　)

9. 一般汽车的空气滤清器 20 000 km 要换一次，每行驶 25 000 km 必须更换空气滤清器。一般 10 000 km 进行一次检查，春季最好 2 000 km 就检查一次。 (　　)

10. 检查轮胎时，要注意轮胎气压、表面有无异物和磨损等现象。 (　　)

四、简答题

1. 简述首次维护的作业内容。

2. 简述首次维护的基本作业项目。

3. 简述更换机油滤清器的注意事项。

4. 简述更换机油和机油滤清器的步骤。

5. 简述空气滤清器的作用。

任务2 维护增补项目

一、填空题

1. 铂金材质的火花塞建议____________km 更换一次。

2. 火花塞技术状况除用专用仪器进行密封发火试验以外，还可采取____________、____________、____________检查。

3. 准备新刹车油 1～2 瓶，一般一瓶就够，为了清洗得更干净，两瓶也行，可留做以后补充用，但下次更换刹车油时最好不再使用__________。

4. 车辆正常行驶____万公里或刹车油连续使用超过____年，刹车油很容易由于使用时间长而变质，所以要注意及时更换。

5. 换季时，尤其在____季，如果发现制动效果下降，则有可能是刹车油的级别不适应冬季气候，此时更换新刹车油，就要选择在低温下黏度偏小的刹车油。

6. 当刹车油中混入或吸入________，或者发现刹车油有杂质或沉淀物时，应该及时更换或者认真过滤，否则会造成制动压力不足，从而影响制动效果。

7. 更换制动液，一定要把原来的制动液____________，再加入新换的制动液。

8. 电控发动机的燃油供给系统由_____________、_______________、_____________、_____________、____________、___________________等组成。

9. 燃油滤清器正常维护的推荐更换周期为____万公里。

10. 制动液也称为__________，是制动系统的工作介质。

二、选择题

1. 节气门通常用（　　）颗螺栓固定。

A. 4　　B. 8　　C. 10　　D. 12

2. 车辆行驶一段距离后，让变速器油液达到正常的工作温度（　　）℃。

A. 60 ~ 80　　B. 70 ~ 80　　C. 80 ~ 90　　D. 90 ~ 100

3. 自动变速器油品质良好时为（　　）色，无异味、无残渣，否则应更换自动变速器油。

A. 鲜红　　B. 绿　　C. 蓝　　D. 黑

4. 蓄电池负极电缆螺母紧固力矩为（　　）N · m。

A. 2.5　　B. 4.5　　C. 6.5　　D. 8.5

5. 更换机油后，系统必须复位。在点火开关处于"RUN"位置而发动机关闭的情况下，在5 s内，慢慢地完全踩下并放松油门踏板（　　）次。

A. 1　　B. 2　　C. 3　　D. 4

6. 检查自动变速器油液位，液位应在液位标尺（　　）范围内。

A. HOT　　B. ABD　　C. CBA　　D. NCE

7. 在离制动盘（　　）cm处使用百分表测量制动盘的偏摆量。

A. 5　　B. 10　　C. 15　　D. 20

8. 燃油压力标准值怠速时为（　　）kPa。

A. 200 ~ 400　　B. 100 ~ 200　　C. 150 ~ 300　　D. 230 ~ 250

9. 喷油器开启压力标准值为（　　）kPa。

A. 150 ~ 300　　B. 200 ~ 400　　C. 280 ~ 320　　D. 230 ~ 250

10. 拆卸火花塞时，螺栓周围、火花塞电极和密封垫必须保持清洁、干燥，无油污，否则会引发（　　）、火花减弱等故障。

A. 漏电、漏气　　B. 漏电、漏水　　C. 漏电、漏油　　D. 漏油、漏水

三、判断题

1. 火花塞出现问题会导致发动机动力不足、缺缸、加速无力等故障。（　　）

2. 启动发动机，使其怠速运转，然后用旋具逐缸对火花塞短路，听发动机转速和响声变化，转速和响声变化明显，表明火花塞正常，反之为不正常。（　　）

3. 不同类型和不同品牌的刹车油不要混合使用，对有特殊要求的制动系统，应加注特定牌号的刹车油。（　　）

4. 对于不同类型的电控发动机，燃油供给系统的组成部件可能会有些差异，如有的电控发动机还有冷启动喷油器、油压脉动缓冲器等部件，但总体构成上基本相似。（　　）

5. 燃油滤清器的推荐更换周期应根据其自身结构、性能和用途等的不同而有所差异，并不能一概而论。（　　）

6. 无回路的燃油系统仅有两只内部滤清器（在燃油箱内），虽然这种多位一体的泵、滤清器、输送单元价格昂贵，但是当燃油输送受阻或发动机性能因此而下降时，也必须及时进行适当的维护和保养。（　　）

7. 启动发动机，在发动机怠速运转的情况下，移动选挡杆经所有的挡位后回到 P 挡位，然后再加油至规定的标准。 ( )

8. 发动机火花塞应按 70 N · m 力矩拧紧，过松会造成漏气，过紧则使密封垫失去弹性，同样会造成漏气。 ( )

9. 正规的制动系统排空气方法是：准备一根长度为 50 cm、内径为 6 mm 左右的透明软塑料管和一个有容量标记的透明塑料瓶。 ( )

10. 车辆正常行驶 3 万公里或使用超过两年，应更换制动液。 ( )

四、简答题

1. 简述桑塔纳维护灯归零步骤。

2. 简述一汽大众奥迪 A6 轿车维护灯归零步骤。

3. 简述桑塔纳 2000 时代超人机油维护灯归零步骤。

4. 简述燃油供给系统的工作原理。

5. 简述更换自动变速器油时油品质量的检查步骤。